# AYUDAR A VIVIR MURIENDO

Emilio Muñiz

COLECCIÓN ITES

AYUDAR A VIVIR MURIENDO

© Emilio Muñiz Castro
© de esta edición: Olé Libros, 2026

ISBN: 979-13-87951-42-9
Depósito legal: V-182-2026
Impreso en España

KALOSINI, S. L.
Grupo editorial olélibros
equipo@olelibros.com
www.olelibros.com

*Con todo el amor del mundo*
*dedico este poemario a mi esposa, Emma Fondevila,*
*que leyó varias veces el manuscrito*
*y me hizo valiosas observaciones como gran poeta que es.*

*A mi hija Olaya y a mi yerno Miguel, con cariño,*
*por estar siempre dispuestos a ayudar y a escuchar mis poemas.*

*La naissance du lecteur doit se payer de la mort de l'auteur.*

ROLAND BARTHES

*He oído la campana de la nieve,*
*he visto el hongo de la pureza,*
*he creado el olvido.*

ANTONIO GAMONEDA, *EL LIBRO DEL FRÍO*

# AYUDAR A VIVIR MURIENDO

*A veces creo que existe todo lo que veo.*
*Porque todo lo que veo es todo lo que vi.*
*Y todo lo que vi no existe.*

ANTONO PORCHIA, *VOCES*

# LETANÍA

Desgranaba una interminable letanía de nombres
abrazado a la tierra que cubría la tumba
para ponerse en paz con el universo

# Vacío

Qué se oculta tras los párpados de los muertos
y qué tras los párpados muertos de los vivos

quizás el vacío del universo

# Hendiduras

Las grietas de los muros blancos
son hendiduras que afloran en el ser humano
pueden leerse como la historia
de las almas angustiadas
y dicen mucho más de su trayectoria vital
que las biografías más minuciosas

# Tormenta

Un río azul
una cascada
los picos de una alta montaña
coronados de nubes de plomo

Se acerca la tormenta
estoy preparado
para llover

## SAUDADE

Miré hacia adentro y acabé colmado de saudade

Entreví todos mis cuerpos
en ardiente conexión con el universo
atisbos de un pasado que se perdió
en la noche de los tiempos
pero que no se quedó atrás:
sigue presente en cada uno

# RECUERDOS

¡Ay, qué recuerdos de la casa de mis abuelos!
Rodeada de una huerta que a mí
—niño a caballo entre a la ciudad y la aldea—
se me antojaba el paraíso
En el sendero de entrada
se erguía una higuera centenaria
cargada de higos en el verano

Bajo sus extendidas ramas
acogía el pajar y al lado el hórreo
—almacén de los tiempos de abundancia—
y el alpende lleno de herrumbrosas herramientas
Me gustaba mucho revolver entre azadas y azadones
entre rastrillos picos hoces y hachas
También recuerdo los estantes para madurar la fruta
llenos de olorosas manzanas y membrillos entre pajas
que alargaban en el invierno el placer frutal del verano:
camoesas   reinetas galas   delicias   golden...
se me hacía la boca agua y a veces cedía a la tentación
nadie se iba dar cuenta de la falta de una manzana

# RAÍCES AL AIRE

Dónde
el niño lleno de sueños
ilusionado con cabalgar
en las alas del viento
por las llanuras tropicales

El niño campanero
encaramado
en la torre conventual
aferrado
a las cuerdas de tres campanas
repicando la hora del ángelus

El mozalbete emigrante
de ojos anegados en lágrimas
anclado a la borda de babor
mientras el barco trepidante
dejaba atrás el muelle
hervidero de adioses
en la despedida a los viajeros
que ya vislumbraban
el horizonte de sus esperanzas

Lo arrancó un viento de poniente
y se quedó con las raíces al aire para siempre

# La puerta encarnada

Se abrió en alguna parte
y nunca se volvió a cerrar

Por la puerta encarnada
huyeron hacia América
miles de hombres y mujeres
con viejas maletas de cartón

Por la puerta encarnada
entraron y salieron niños y ancianos
desde la cuna y para el cementerio

Por la puerta encarnada
—ilusiones y amarguras—
marcharon mozos a la guerra
y volvieron viejos
con el alma encanecida

Por la puerta encarnada
ya no atraviesan mozas y mozos de fiesta
desvencijada y descolorida
contempla con nostalgia
el paso de los caminantes que la ignoran

# BLANCURA IMPOSTADA

A la orilla del camino
una empalizada de mimbres
tras la empalizada cien años
de una larga molienda
lloraba el niño
en el regazo de su tatarabuela
batía el agua en las palas del rodezno
gemían en los ejes
las muelas de granito
y brotaba la blanca flor
de los granos del trigo
no era el milagro
de los panes y los peces
que nos cuenta la Biblia
sino el fruto del sudor
de los esclavos de la gleba

Blancura impostada
        ajena a la miseria de generaciones

# LA ANGUSTIA

Qué angustia nos sobrecoge
cuando estamos junto al lecho
de un enfermo al borde de la muerte
Acaso se nos impone la tristeza
de nuestra propia desaparición
o el sentimiento doloroso de la muerte inevitable
del ser agónico que tenemos delante
o, todavía más, la sensación de vacío
que arraigará en nosotros después de esa muerte

## Molía el molino una canción

Llegados de lejos
los dos caminantes
entraron en la tiniebla del dolor

Un jergón de paja
cobijaba malamente
una sombra de huesos y piel
vecina ya de la muerte

Cuánto grano acarreado
cuánta harina molida

Las muelas del trigo y del maíz
repunteadas año tras año
eran más viejas que ella
y seguirían allí después de su muerte

No había cantero capaz
de arreglar aquel cuerpo molinero
que iba muriendo al son del rodezno

# No llores niño

No llores me decías
masticando la tragedia
que se te venía encima
mientras enterraban a tu madre
mi abuela

Tenías secos los ojos azules
de niño huérfano y en tu rabia
llorabas ríos de soledad

Ya eras antes de tiempo
el niño que pastoreaba el ganado
trabajaba las huertas
podaba e injertaba las vides
el adolescente que lavaba carbón en la bocamina
el profesional que sacaba fotos en las romerías
el afortunado premiado con la lotería

Embarcaste rumbo a Buenos Aires
casi sin escogerlo
reclamado por tus codiciosos parientes
y ansiando una nueva vida

Pero nunca dejaste de ser
el niño que perdió a su gemelo

## Molinero de mala sombra

Fueron muchas noches
fueron muchos años
fueron muchas mujeres
de la vida
—como se las llamaba
entonces a las putas—

Tú, molinero cojo,
bien conocido en los prostíbulos de la capital
—Sodoma y Gomorra de tus miserables vicios—
embarcabas a todas las que cabían en un taxi
después de hozar en ellas borracho días enteros
mientras había dinero en tu bolsillo

Las arrojabas llorosas a las aguas heladas
del canal de tu molino
desnudas y muertas de miedo y de frío
¡molinero de mala sombra!

La juerga seguía
entre sacos de harina
con coñac
carcajadas
y vergonzosos abusos
sobre aquellos cuerpos
desmadejados
y esclavizados

Una súbita crecida del río
consumó una venganza coral

# Camino del Martinete

Por el camino del Martinete
se escuchaban unos quejidos ahogados
mis padres me llevaban a verla:
se moría la muchachita tuberculosa del molino

Casi no tenía aliento para hablar

Entre uno y otro acceso de tos
solo movía una consumida mano blanca
que dejaba ver tendones y venas
bajo la piel traslúcida
solo los cabellos negros
rescataban su rostro
del blanco níveo de la almohada

Fue la primera vez que sentí
la acechanza de la muerte

## LA RAPA DAS BESTAS

Los grillos tecleaban mensajes en morse
bajo un cielo de romería
cuajado de estrellas
en los bosques plantaron fuego manos criminales
huyó a los cuatro vientos el bicherío montés
y los caballos y potras de niebla
diseminados por el monte estallaron en relinchos
y se agruparon en torno al garañón

Pocos llegaron a la *rapa*
de ese desventurado año

# Costureras de las Baíñas

*Costureras de las Baíñas*
*cosen de balde*
*y ponen los hilos.*

CANCIÓN POPULAR

Cariátides de los caminos
que cosían aldeas y ciudades
dándole vueltas y vueltas
a la manivela

Siempre solas por los caminos
—almas sencillas—
presa de brutos sin alma
que les robaban honra y paga

La consigna era callarse
la vergüenza y el miedo
podían más que todo

Volver a destripar terrones
no era un porvenir deseado

Tenían también la ilusión
de casarse con un apuesto mozo de posibles
pero a veces el sueño acababa en maldición
y volvían a la esclavitud de la tierra

# Antela

Se anegaron valles y vegas
las represas dejaron a los ríos
sin huelgos para verterse en el mar
los peces se pudrieron en las lagunas
soterradas para plantar patatas

Y a ti solo se te ocurre decir
que son daños colaterales
de un progreso arrollador
que se nos echa encima

## Presente y pasado

*El bosque crece sobre los escombros*
*de una ciudad arrasada.*

Chus Pato

En los escombros se mezclan presente y pasado
vivos y muertos
cuerpos sin alma
bajo la amenaza de una pesadilla

Ojos abiertos incapaces de ver
en la oscuridad de un futuro de miedo
regido por las multinacionales de la guerra

## Nada ni cosa alguna de este mundo

Gritaba el ciego vidente
recostado sobre la fría piedra
de una puerta medieval de la ciudad
la Puerta del Cristo
testigo mudo de la vida y la muerte
que tantas veces había visto pasar
bajo su arco ojival
Era la salida obligada hacia la Ponte Vella,
paso natural a la empinada cuesta empedrada
del cementerio de la ciudad
y también del santuario de la Virgen de los Remedios
Por la misma puerta había salido
—en los tiempos revueltos de la guerra incivil—
una banda de exasperados
con antorchas encendidas para incendiar
el convento de clausura extramuros
y para desenterrar las momias de las monjas
del cementerio conventual
Había acabado ciego porque no merecía la pena mirar

*Nada ni cosa alguna de este mundo*

# La Casa de la Fuente

Tenía un encanto especial la Casa de la Fuente
y no por sí misma,
—inerte montón de piedras organizadas—
sino por la propia fuente
y por su caño con tapón de madera
tan fácil de quitar y tan difícil de recolocar
En el intento me empapaba de pies a cabeza
de limpia agua de manantial
mientras trataba en vano de taparlo

Bien quisiera ahora que me soltara
una catarata de metáforas
y quedar mojado hasta el fin de mis días
escuchando la voz apremiante de mi madre

«Xermanciño, sube que te voy a calentar»

## LOS ADIOSES

El corazón se encoge mientras se escucha
el clamor apagado de los adioses
el buque se aleja lentamente del muelle de poniente
desde la borda de estribor
solo se adivinan los ojos llorosos
y los rostros afligidos de los que se quedan
los que sacan medio cuerpo por las bordas
no tienen que limpiar las lágrimas
porque se las seca el viento
dejando un surco salado en las mejillas
El mar del puerto espejea con la luz del sol
y el barco empieza a cabecear blandamente
cuando dobla la proa el espigón del puerto de abrigo

No está en calma la mar
y se cierne sobre el barco el atardecer
ahora los corazones saltan de esperanza

# La Marola

Por fin estaba a un instante de ponerle contorno
a esa palabra envuelta en cendales de niebla
para los de tierra adentro
vocablo tormentoso para los de la costa
*quien pasó la Marola pasó la mar toda* exagera el dicho popular

Enseguida avistamos la negra mole del islote

El viento venía saturado de finas gotas de agua
medicina para los que ya sufrían el mareo y se deshacían en arcadas

Los pasajeros incluidos los más aguerridos
abandonaban las cubiertas
el aire de los dormitorios era irrespirable
el olor a humanidad llenaba todos los rincones

La Marola pronto quedaría atrás
como el rumor de las despedidas en el puerto
Del otro lado del océano
esperaba un porvenir tan incierto como imaginado

## ATARDECER ROJIZO

Atardecer rojizo del alma
relampagueo del instante
quise juntar la luz de la luna
con la claridad moribunda
del vagaroso poniente

No se presentó la luna

## SAUDADES DE PICHINA

La figura menuda de Germana parecía levitar
erguida sobre unos tacones torcidos
andares de señorío de princesa rusa
siempre envuelta en sedas volanderas

Su cara, un cuadro impresionista:
colores vivos, combinaciones imposibles
sombrero cuajado de frutas, cintas y flores:
la eterna primavera de su dueña

Pichina no se enfadaba cuando alguien
soltaba una carcajada al verla
sonreía satisfecha de sí misma
taconeaba con dificultad calle arriba
volvía a pasar calle abajo derecha como un huso

Los súbditos no salían de su asombro
pasaba todos los días por delante de ellos
pero aún no se habían dado cuenta
de si Pichina era realidad o ensoñación

# SIN FRONTERAS

Crucé el Atlántico lleno de esperanza
navegué muchos mares
compañero de gaviotas
y peces voladores

Me enfrenté a logreros sin escrúpulos
piratas con parche en ambos ojos
alimañas de la selva urbanita y civilizada
cabalgué terremotos
viví el derribo de dictaduras

Confraternicé con poetas sin fronteras
en ciudades convulsionadas
con emigrantes sin patria
en patrias ajenas
con exiliados sin retorno
con huérfanos de padres vivos

Arribé a puertos a la deriva
a islas revolucionarias
cambié papel moneda por plata acuñada
fondeé en las aguas azules
de paraísos tropicales

Hablé inglés francés papiamento portugués
recorrí mercados de esclavos y de especias
amé cuanto puede amar un viajero
sin puntos cardinales

Nunca cometí traición
aunque sigo llorando
por las muchedumbres migrantes sin rumbo
que ya se quedaron sin lágrimas

# LAS PLAÑIDERAS

Fue el primero y el único planto público
que escuchó el niño en toda su vida

Cuatro mujeres enlutadas
que le parecieron cuervos
volaban alrededor del ataúd
impidiendo que avanzara

Cubiertas de la cabeza a los pies
con largos manteos negros
lloraban con ayes lastimeros
y desgranaban alabanzas al muerto

No era tiempo de plañideras de pago
ni siquiera de llantos privados
sino de levantamientos

Sin embargo siguieron cuarenta años
de una dictadura de llanto y desesperanza

## MIL Y UNA NOCHES

Fátima de mi infancia
Uom Kalzum de mi edad adulta
sigues siendo la voz que me conmueve
cuando escucho tus canciones
que me transportan pese a no entenderlas
a paraísos ignotos y ciudades intuidas
de las Mil y una noches con sus medinas
donde la gente se apretuja
en estrechas callejuelas
que protegen del sol que lo incendia todo

Fátima de mi infancia
Uom Kalzum de mi edad adulta
creadora de mundos de un más allá
anclado todavía en mi corazón

# Sueños rotos

En los vacíos del pasado
nostalgia de nieblas
certeza en la piel
de una muerte suspendida

En la llanura blanca
temblor de sueños rotos
desarraigo anochecido

En las cumbres
el viento
se rebela
en vano
contra la angustia
incapaz de despejarla
como nube pasajera

## CARNE MORTIFICADA

Heridas abiertas
amargas sonrisas
en la intemperie del desarraigo
carne mortificada en la huida
coronada de espino y cuchillas
sueños cercenados
esperanzas abismadas

¿Dónde la flor?

## INCERTIDUMBRES

La distancia viene de lejos
es una barca desencuadernada
que arriba a tus playas de nácares
con los remos quebrados

Pausa al albur de gaviotas
sin horizonte y sin rumbo

La cercanía se aleja
cargada de incertidumbres
proa al infinito presentido
ajena a las procelosas aguas
de un futuro cada vez más pasado

## Niebla y sal

Caballos de niebla y sal
cabalgando arenales de luna llena
y el pescador arrastrando a la orilla
redes de plata fina
atestadas de peces voladores

Los pozos en la arena —embazados espejos—
no revelan la miríada de imágenes que atesoran
recogidas en noches cerradas
imágenes de las mujeres
que van a recibir las nueve ondas
con la ilusión de quedar embarazadas de un niñito rubio

Instantáneas de los encuentros de amantes
que huyen de las miradas ajenas

# EL PÁJARO DE LA MUERTE

Jadeos atormentados
torbellino
de alas negras
agüeros
inescrutables
laringe
desgarrada
exorcismos
de agua y tierra

El universo impone su tributo

Grazna el pájaro de la muerte
                cuando huye con su don
nuevas dimensiones
se abren en el tiempo

El laberinto
clama por el Minotauro

# AVATAR

Tengo miedo de perder la esperanza
de olvidarme del rastro que ha ido dejando
mi vida a semejanza del caracol
la esperanza es frágil y va siempre por delante
desnuda y expuesta a los avatares del camino
tropieza con las alambradas
recibe el primer plomo de muerte
todas las cuchillas fronterizas
ponen al descubierto la intimidad de su carne

La esperanza es frágil sin duda

      pero qué frágiles somos cuando la perdemos

## NIEBLA

La memoria blanca de los caminantes
se reaviva en las abstractas circumnavegaciones
de caminos de niebla
en fronteras inexpugnables de sueños

# Despojamiento

Nos abandonan los recuerdos
porque decidimos abandonar las existencias pasadas
que nos revisten como capas pluviales
hasta el despojamiento de la carne

## DESEO

Gemido lunar de los cuerpos
en cuarto menguante
atrás quedó la luna roja del deseo
se apagó la erupción solar de los sentidos

Es la hora de la ceniza
                    y del rojo crepuscular

## Campo de la romería

Una orquestina solfea casi a ciegas un pasodoble
no hay partituras
tampoco luna llena
solo luces azules de carburo
en el palco y en los tenderetes

Brillan las monedas que cambian de manos
se vacían las cestas de las rosquilleiras

En la oscuridad parpadean docenas de soles
y apenas se percibe la sutileza del humo

Tampoco se ven con claridad
las maniobras lascivas de las parejas danzantes

En el aire suena —también a ciegas— *Paquito el Chocolatero*
señalando que se acabó la fiesta

# DESPERTAR

Las primeras luces del día
me hicieron temblar de pies a cabeza
Se desvanecieron los sueños placenteros
y ocuparon su lugar las pesadillas del día:
todo volvió a ser lo que era
            o lo que no era

# El desengaño

Había sufrido lo indecible
en la guerra injusta y bendecida
la enorme y fría cicatriz
de su antebrazo derecho
lo atestiguaba
Después de los horrores se creía con derecho
a disfrutar de la inocencia y la pureza
de una adolescente
deslumbrada por su capote legionario
la rotunda oposición familiar
acabó con él en el río.

La adolescente no resultó tan deslumbrante
como el capote del legionario

Tampoco el legionario

# Tristeza

A su lado pasó un mendigo
y en su tristeza solitaria
reconoció a todos los indigentes

El mendigo desapareció a la vuelta de la esquina:

La pobreza siguió pasando a su lado

## CARIDAD CRISTIANA

El hospitalillo de las monjas
nunca recibió la visita del excampeón de boxeo
apaleado a conciencia
por el sargento de las fuerzas del orden:

      allí solo se recompuso
      la mano dislocada del maltratador

## LA JUSTICIA EN TIEMPOS DE GUERRA

Lloraba la vieja mora un hambre de siglos
el legionario pasó de largo sin siquiera mirarla
pero enseguida volvió atrás para ofrecerle su pan

Más tarde en la primera línea de fuego
y a bayoneta calada
tuvo que hacer avanzar a los moros:
carne de cañón

También lloraban de hambre y rabia
las españolas viejas
mientras la soldadesca y los falangistas
violaban y mataban a hijas e hijos
        al grito de viva España, muerte a los rojos

## PALOMAS CIEGAS

Las palomas impolutas
que no abandonan las peanas
de las vírgenes en procesión
fueron cegadas por manos piadosas

La falsa ciega del milagro ya las puede ver

## Un golpe de suerte

El pederasta abrió la bolsa de papel
llena de apetitosos frutos rojos
y puso la mano sobre las escuálidas rodillas

       si me cantas una canción te doy cerezas

Una urgencia inaplazable llevó al niño
a bajarse los pantalones detrás de un zarzal
se rompió el encanto pero se salvó el niño

# PLANTO

Flotábamos todos en una atmósfera de recogimiento y dolor
el patriarca ya no era de este mundo

Del caserón campesino salían ayes de dolor
y alabanzas dirigidas al muerto

Las mujeres ponían fin a la preparación del cadáver:
    traje negro de entierros  bodas  bautizos
    camisa blanca recién planchada
    corbata negra anudada
    zapatos nuevos acharolados sobre calcetines negros de lana
    en la cabeza bien calado el sombrero nuevo
    y las manos cruzadas sobre el pecho sosteniendo un crucifijo

Las plañideras lloraban
los familiares se consolaban unos a otros
sin exteriorizar apenas sus sentimientos

Para eso estaban las lloronas que cobraban por ello

# TODAS LAS GUERRAS

*No hay nada que la guerra haya conseguido
que no hubiésemos podido conseguirlo sin ella.*

HAVELOCK ELLIS

# COMPETICIÓN

Conversaban las alondras
en un campo de esmeraldas
mientras los cuervos predicadores
y las ruidosas urracas
mantenían una competición
por el espacio y el auditorio
en las ramas de los abedules

En París arrancaban adoquines
para derribar a la Quinta República
de De Gaulle mientras en Praga
la primavera se convertía en un infierno
y en Ciudad de México inauguraban el otoño
con la Matanza de Tlatelolco

Una tormenta de afilados cuchillos
dio un tajo en la yugular de las esperanzas
difuminó aún más los colores
de un tímido arco iris desdibujado
por la lluvia diamantina del amanecer

## Universo indiferente

Somos tuneladoras de esperanza
abriendo cauces de sueños
hacia el universo indiferente

# FUI DE AQUELLOS

Fui de aquellos
que surcaron los mares
hacia el poniente
en busca de las tierras tropicales

Uno más
en la interminable peregrinación
hacia los mundos que prometen
una vida mejor

Esa diáspora que era huida
cantada con acentos heroicos
por los poetas de mi adolescencia

Sigue habiendo poetas
que dan testimonio de otras huidas
que no son diásporas heroicas
pero que siguen vaciando países
de sus recursos humanos más valiosos
mujeres y hombres jóvenes desesperados
víctimas propiciatorias
de guerras y dictaduras
que desencadenan hambrunas
matanzas
destrucción
desesperanza
abuso
emigración forzada por tierra y mar

Esas son las heroicas diásporas
de esta época incierta

## Campos de sueños

En los campos de sueños
las alondras tejen sus conversaciones
ajenas a la guerra de Ucrania al hambre de África
a los ahogados en el Mediterráneo
a los gritos e imprecaciones de los torturados en las cárceles
y de los agonizantes que mueren en las cunetas
en las selvas
y bosques
de todas las guerras

Cayó la noche sobre los punzantes gemidos
de una barca ignota que ya engullen las olas

El mar les dará cobijo
calladamente
en su frío seno materno

## PASADO Y FUTURO

Muere el pasado y muere el porvenir
y todo sigue invadido por la podredumbre
que convoca a los depredadores
y a los que buscan y aprovechan la carroña:
seres corpóreos e incorpóreos
que asfixian al mundo

# APOCALIPSIS

y yo digo que
cada vez son menos las fieras
cada vez son más las espadas
cada vez se extiende más el hambre
cada vez son más mortíferas las pestes
cada vez aumenta más el poder
del cuarto jinete del Apocalipsis
y ya se difunde por toda la Tierra

# El topo

Los ojos y la piel abiertos
se avecinan días de infortunio
de mirar frente a frente
a la cara del mundo
el topo —según se dice—
cambió los ojos por la cola
se sumergió para siempre
en la oscuridad subterránea
quizás por no atreverse
a mirar frente a frente a la luz

## Lamentos en la nieve

Las frías heridas
gritos crudos
de alambrada

Refulgentes espejos de ausencia
reflejan fantasmas ateridos

Rezuman llanto y miedo
los metales del aire
sorda barahúnda de escarchas rotas

Un sinfín de lamentos en la nieve roja
sembrada de muertos todavía vivos
que no verán el amanecer

# CÁRCELES

Ventanas como cárceles
los ojos del día

Cárceles sin ventanas
los ojos de la noche

Se hunden las cumbres
con desesperación

Se elevan esperanzados los valles

# Kiev en el corazón

Abisma el estruendo
de cristales rotos
el desplome de vidas y haciendas
fulminados por la metralla de muerte

La indiferencia de los poderosos subleva
su afán de lucro enciende la ira

No es solo la destrucción de ciudades
lo que propician
también la destrucción de la vida
que se hunde en una sima incandescente
entre los alaridos de la carne

Espantado por el horror de esta guerra
desgrano versos como balas
atrapo el fulgor del cielo
que se cierne sobre la ruina de los masacrados

Extrañado en mi propia humanidad
me busco en todos los confines
en los rostros aterrorizados de los niños
de las mujeres y hombres violados
de los cadáveres escrutando el cielo
con sus cuencas vacías
y sus cuerpos sin sangre

Me reconozco en las heridas abiertas
en las amargas sonrisas
en los llantos
en la intemperie del desarraigo
en la carne mortificada en la huida
asediada por balas y metralla
sueños y miembros cercenados
esperanzas abismadas

## SEMPITERNO MATARIFE

No te acerques
no me mires
soy el ángel de la muerte
traigo plomo y fuego

Sangre de inocentes
empapa mis manos encallecidas
de sempiterno matarife

Las falsas miradas atónitas
de los depredadores
y de sus beneficiarios
no me hacen desistir

No soy una criatura celestial

¡Tampoco vosotros!

# Sacados del barro

*Se purifican manchándose*
*de otra sangre, como si alguien,*
*después de haber entrado en el lodo,*
*tratase de limpiarse con otro lodo.*

Heráclito, *FRAGMENTOS*

Lodo y sangre
en las cosmogonías
los seres humanos
sacados del barro
vuelven al barro

Polvo su carne
sus huesos
su sangre
sus odios y amores

¡*Pulvus et umbra sumus*!

# Sumideros

*Ese grito que la ventana dejó fuera*
*suspendido en la negrura de la noche.*

EMMA FONDEVILA

Gritos suspendidos en la noche
se elevan desde las cárceles
desde los sótanos de la infamia
donde se tortura y se mata
estallan en las fronteras del hambre
proferidos por enronquecidas
gargantas de arena
por la carne anhelante y sudorosa
aterida   apaleada   herida de muerte
Los verdugos hacen su trabajo
tanto en los luminosos despachos
como en los sumideros del horror
cumplen su obligación con entusiasmo
con elevación de miras
y militante sentido del deber

## País del viento

En un país feraz y próspero
de repente el viento empezó a soplar con fuerza

En el país del viento dejó de crecer la hierba
y los árboles ya no se elevan
longilíneos hacia el cielo
viven encorvados
contrariando su naturaleza
no persisten los nidos de las madres
arrebatados apenas los construyen
no hay trinos de pájaros
ni arrullos de palomas

En el país del viento
no brotan flores ni frutos
tampoco nacen niños
y los hombres son infecundos
las mujeres no conciben
a diario esperan al alba
—faldas arremangadas
piernas abiertas—
con la esperanza de que el viento las fecunde

En los páramos del país del viento
las semillas se pudren en el suelo
y no cantan las bardas del trigo
su canción cereal y triste

No faltan los embaucadores
con sus milagrerías
que pretenden vender remedios
como si fueran crecepelos
para ahuyentar el embrujamiento
que se cierne sobre los venteños

Pero los años pasan
y hombres y mujeres envejecen
sin que ellas den a luz
a los ansiados retoños

En el país del viento todo está perdido
a menos que cambien las tornas

## LÍMITES

¿En qué reside la pureza de los límites
poblados de cuchillas
que cercenan la carne
y las esperanzas de los no beligerantes
en las fronteras frías de los desalmados?

## Alambradas

Gritos desgarradores chocaban
contra los impenetrables muros del odio
coronados de alambradas de vergüenza

# El tercer ojo

Los sagaces cuervos fríos
imanes debeladores de lo oculto
manifiestan las fuerzas oscuras
sin revelar ni su principio ni su fin

Son cada vez más numerosos los córvidos
que se plantean renunciar a ese privilegio
—auténtica maldición de la Naturaleza—
que los convierte en pájaros agoreros
temidos por los humanos

Su tercer ojo les permite anticipar
su propia desaparición
y los desastres que se avecinan para la humanidad
responsabilidad con la que no quieren cargar

# Malas noticias

Un viento de palomas mensajeras
sacudió el letargo
de una mañana de nieblas
pobladas de grandes esperanzas
Malas noticias
La guerra sigue desgranando bombas
hace escombros de familias enteras
huesos de hambruna a flor de piel
de niños y adultos

## Reino de injusticia

Vivo en este reino de la injusticia
en que los seres humanos
hemos convertido el mundo
observo las aterradoras desigualdades
sufro por el desprecio de la vida humana
por el maltrato a la naturaleza

Debería darnos mucha más tristeza
la catástrofe humanitaria que se esconde
detrás de los nombres de Playa de los Cristianos
de las fronteras de concertinas de Ceuta y Melilla
de los puertos de Lampedusa y Lesbos
esas dos islas del Mediterráneo
rodeadas de un *mare nostrum* de indiferencia.

Tendríamos que ser más solidarios
con esta humanidad sufriente
y predicar la solidaridad con el ejemplo,
prestando ayuda en los salvamentos *in extremis*
de refugiados e inmigrantes aterrados
que cruzan mares procelosos
en precarias embarcaciones atestadas
de adultos y niños de madres gestantes
de criaturas lactantes huidos de gobiernos tiránicos
y abandonados a su mala suerte
por los traficantes de la desgracia ajena

Pero no es así
vienen con sus almas despedazadas
los cuerpos quebrados y la muerte colgada al cuello
como si fuera la medalla de la Virgen de las Angustias

# HARTURA

Hartura en la tierra
hartura en los mares
hartura en las arcas
hartura en el aire
hartura de los hartos

Hartura de la gente sin hartura
    que muere de hambre
    que muere de asco
    que muere de angustia
    que vive muriendo

Hartura de guerras
hartura de bombas
hartura de armas y de balas

    que matan esperanzas
    que matan soldados
    que asesinan niños
    que matan futuros

¿qué hacer
con tanta hartura?

# VOLAR SIEMPRE

*La esperanza le pertenece a la vida,*
*es la vida misma defendiéndose.*

JULIO CORTÁZAR

## VOLAR SIEMPRE

La vida en un vuelo
     sostenido y largo
          largo
               largo
Volar alto
    muy alto
        tan poca vida
           por delante
Dejar atrás
    un vacío
        tan grande
           que no se puede llenar

# Raíces vivas

Murió el árbol hendido por el rayo
se le secaron las venas
volaron los pájaros de alquiler
quedaron vacíos los nidos
se perdieron las crías

Siguieron vivas muchas raíces
profundas que volverán a brotar
y el nuevo árbol se llenará de pájaros
y los nidos del piar de pichones hambrientos

Un nuevo triunfo de la naturaleza

## Vientos de espumas

Flotas en un mar de metáforas
empujado por vientos de espumas
hacia los sagrados mares que surcó Odiseo
poblados de islas traslúcidas
de gaviotas chillonas
de nubes de peces voladores
de gigantes polifemos

No
Ulises-Odiseo
—marinero en tierra—
tu paraíso no está en los cantos melodiosos
de las sirenas seductoras
ni en los voluptuosos placeres
que anclaron tu nave
en el puerto de Circe

Tú eres vela que hinchan tempestades de sueños,
proa hendidora
que ara surcos en los hielos polares
y que entierra simientes de futuros
en las tinieblas del mundo

Ya lo dijeron muchos poetas:
el sino de Ulises y el tuyo propio
es volver a Ítaca donde viejo y desarbolado
te des-espera la paciente Penélope

## Aspiraciones de poeta

Poner en palabras
los sentimientos más recónditos
es una de las mayores aspiraciones
de los poetas de todos los tiempos

## Mañana demorada

Una sirena marinera
huye de la barca de un pescador de nieblas
y reaparece en la claridad cenicienta
de una mañana demorada de gaviotas

# EL ALMA DEL POETA

*El tiempo no existe en el alma del poeta.*
LÊDO IVO, *JUSTIFICACIÓN DEL POETA*

Esperanza y desesperanza
dos polos
entre los que se mueve el poeta
a un mismo tiempo

# Lo inesperable

*Si uno no espera lo inesperado, nunca lo encontrará,*
*pues es imposible de encontrar e impenetrable.*

Heráclito, *Fragmentos*

Nunca había pensado
que encontrarla
sería algo inesperado
no estaba abierto
a esa posibilidad
esperaba lo esperable
lo planificado
por eso
no la había encontrado aún
por más que la soñara
era la inesperada
esperada
pero no esperable
imposible de planificar
tal vez intuida
pero impenetrable
como todo
lo que no se espera

### *VISIBILIUM OMNIUM...*

Siento en las calles vacías
el quejumbroso agobio
de las cosas sin rumbo
el somero resplandor
que las desdibuja
hasta hacerlas invisibles
reflejo de nuestras vidas
extraviadas en la baraúnda
de las ensoñaciones

## SENTIMIENTOS Y AMORES

Las páginas en blanco invitan a una peripecia sin fin
tienen el poder de atraernos hacia otras dimensiones
son capaces de despertar sentimientos y amores olvidados
permiten navegar a toda vela hacia rincones recónditos
de la inventada infancia y de la contradictoria adolescencia
están hambrientas de historias imposibles de amores y desamores
pero todo de primera calidad
nada de frases huecas unas seguidas de otras y difíciles de masticar

Prosas gráciles como mariposas multicolores y versos luminosos
aflorados desde esa zona ignota y perturbadora del espíritu

## SUEÑOS Y PESADILLAS

Con la ausencia y el deseo
con la sangre y el miedo
se amasan nuestros sueños
y nuestras pesadillas

## ANGUSTIA DEL CABALLERO

El caballo desbocado y el jinete en volandas
hacia el precipicio

Ajeno a la galopada sobrevuela Biber
la escena con Sonatas del Rosario
indiferente a la angustia del caballero
que corre aterrorizado hacia una muerte cierta

## Puerto de brumas

Escondo un puerto de brumas
fuera de las coordenadas
de espacio y tiempo
donde entran y salen
      barcos de sueños

## COMUNIÓN

Sumergirse en la luz fosilizada
de las estrellas muertas
hace millones de años
es el sacramento de la comunión
con el universo

# Un revés

Un revés
que no es
contrariedad
puede ser
la otra cara
de la luna
la otra cara
de una moneda
el envés
de una hoja
la vida paralela
de una vida
el otro mundo
de este mundo
el otro yo
de un yo otro
o del propio yo

# Existencia

Una existencia en desnudez
no basta para sentir
la desnudez de la existencia
pero cómo sentirla
sin haberse sentido antes abrumado
por la indiferencia del universo

# ÍNDICE

## Ayudar a vivir muriendo

# Todas las guerras

# Volar siempre